ANIMAL
SEARCH–A–WORD
PUZZLES

NINA BARBARESI

DOVER PUBLICATIONS, INC.
MINEOLA, NEW YORK

Bibliographical Note

Animal Search-a-Word Puzzles is a new work, first published by
Dover Publications, Inc., in 2003.

International Standard Book Number:

ISBN-13: 978-0-486-42767-6
ISBN-10: 0-486-42767-6

Manufactured in the United States by Courier Corporation
42767612   2014
www.doverpublications.com

NOTE

You will find many different animals in this little search-a-word puzzle book. Some of the animals are big and heavy. Some are so tiny that you might have trouble seeing them!

Each puzzle has the names of three animals hidden in it. Opposite the puzzle are pictures of animals, with their names. Find and circle the names in the puzzle. Look across, or up and down. The first puzzle, on page 4, has one word circled for you. If you can't find a word, you can check the Solutions beginning on page 58. Have even more fun by coloring in the pictures!

P	W	Y	V	X	P	V
A	K	Q	P	C	I	J
J	D	P	A	E	G	R
I	S	C	B	I	Y	F
R	O	O	S	T	E	R
Z	O	W	M	N	T	L
D	N	G	T	K	U	S

Who goes "Cock-a-doodle-do," "Moo," and "Oink"? Circle their names in the squares above. One has been done for you.

4

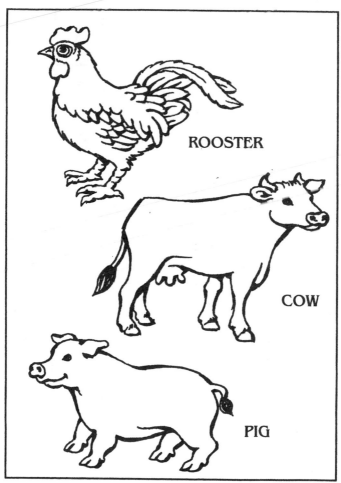

ROOSTER

COW

PIG

I	L	B	C	D	K	B
C	R	B	W	E	T	A
R	H	O	R	S	E	N
H	E	B	A	W	T	Y
F	N	C	M	X	O	F
M	I	R	Z	D	I	F
S	T	Z	E	A	H	S

Here are three more animals that live on a farm.

RAM

HEN

HORSE

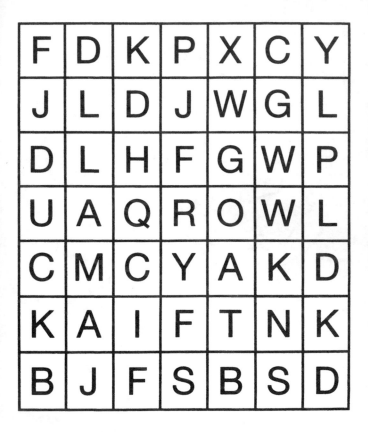

F	D	K	P	X	C	Y
J	L	D	J	W	G	L
D	L	H	F	G	W	P
U	A	Q	R	O	W	L
C	M	C	Y	A	K	D
K	A	I	F	T	N	K
B	J	F	S	B	S	D

These animals make their home high in the mountains.

8

YAK

LLAMA

GOAT

N	A	B	L	D	J	C
W	B	W	H	T	G	A
R	O	F	D	W	H	M
G	I	R	A	F	F	E
D	S	I	H	D	I	L
W	H	T	S	T	A	I
R	W	R	H	I	N	O

Here are two tall animals, and one short, heavy one, that you might see in a zoo.

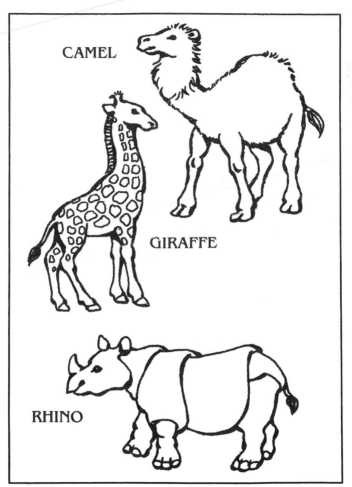

CAMEL

GIRAFFE

RHINO

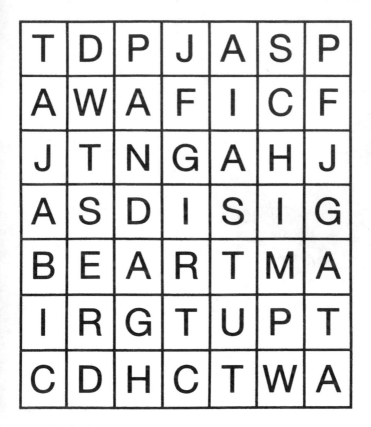

T	D	P	J	A	S	P
A	W	A	F	I	C	F
J	T	N	G	A	H	J
A	S	D	I	S	I	G
B	E	A	R	T	M	A
I	R	G	T	U	P	T
C	D	H	C	T	W	A

These animals are very popular with visitors at a zoo.

12

PANDA

CHIMP

BEAR

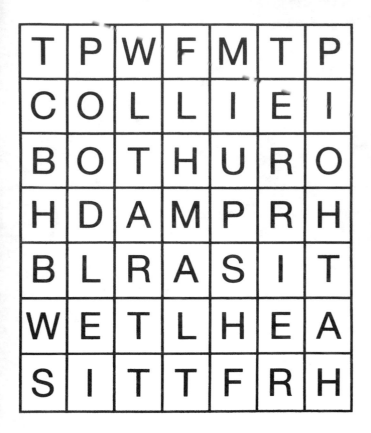

T	P	W	F	M	T	P
C	O	L	L	I	E	I
B	O	T	H	U	R	O
H	D	A	M	P	R	H
B	L	R	A	S	I	T
W	E	T	L	H	E	A
S	I	T	T	F	R	H

Some dogs are a mixture of breeds. The three shown here are "pure" breeds.

14

COLLIE

POODLE

TERRIER

D	A	F	S	Y	B	J
T	U	R	T	L	E	T
Q	F	O	K	G	A	P
L	J	G	D	R	V	N
N	U	Z	L	C	E	E
K	I	W	X	B	R	R
P	W	T	B	J	D	C

You might be able to spot these animals if you live near a pond or a river.

16

TURTLE

FROG

BEAVER

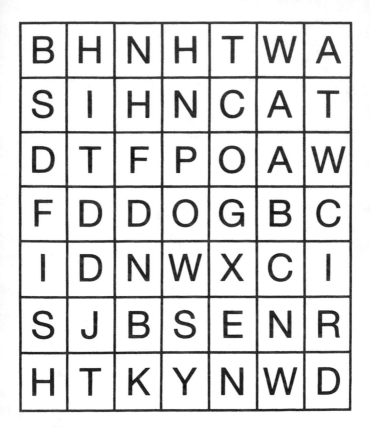

B	H	N	H	T	W	A
S	I	H	N	C	A	T
D	T	F	P	O	A	W
F	D	D	O	G	B	C
I	D	N	W	X	C	I
S	J	B	S	E	N	R
H	T	K	Y	N	W	D

Here are three animals that people enjoy keeping as pets. Maybe you have one of these, or more!

18

FISH

CAT

DOG

P	L	W	Y	V	X	E
F	A	W	N	P	A	K
Q	M	C	J	V	J	D
I	B	S	B	I	Y	R
F	Z	O	M	N	T	L
D	N	C	H	I	C	K
Q	Y	U	C	D	K	B

There is nothing as adorable as a baby animal!

FAWN

CHICK

LAMB

N	F	T	E	M	W	U
Y	C	M	L	O	O	H
A	D	S	C	K	M	F
L	H	L	R	D	B	Y
X	K	O	A	L	A	M
Y	H	T	C	O	T	A
U	D	H	Y	M	R	D

Here are some unusual animals from around the world.

WOMBAT

KOALA

SLOTH

T	E	K	F	L	D	O
A	M	O	O	S	E	D
Z	N	R	H	L	E	Q
O	B	P	J	S	R	M
E	C	E	O	S	P	V
R	A	B	B	I	T	L
M	L	A	L	D	G	R

On a walk through the forest, you might catch a glimpse of one of these creatures.

24

RABBIT

MOOSE

DEER

F	A	C	S	T	G	C
R	L	J	M	C	K	Y
T	S	H	A	R	K	Z
P	Q	S	N	A	X	M
I	U	W	A	B	Y	U
D	I	K	S	U	V	A
G	D	D	T	I	A	C

These three creatures make their home in the sea.

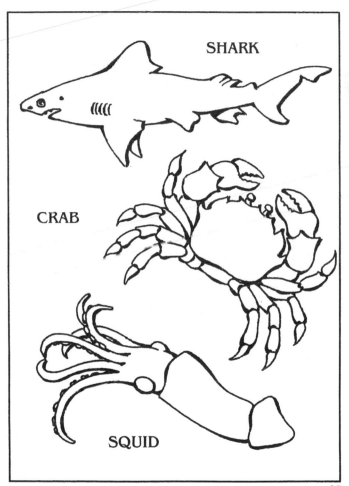

SHARK

CRAB

SQUID

C	S	E	A	L	K	H
M	E	P	E	S	N	H
I	A	A	O	T	U	C
T	G	J	T	P	Q	K
N	U	Y	T	Z	D	B
J	L	M	E	D	G	L
H	L	J	R	S	C	R

Here are three more animals that you might find in or near the sea.

28

OTTER

SEAL

SEA GULL

L	C	O	Y	O	T	E
G	B	H	S	N	R	K
E	D	T	O	M	Q	L
R	O	X	N	A	R	N
B	O	S	U	R	A	I
I	Q	W	E	T	I	X
L	I	Z	A	R	D	D

You would need to visit the western part of the United States to catch a glimpse of these animals.

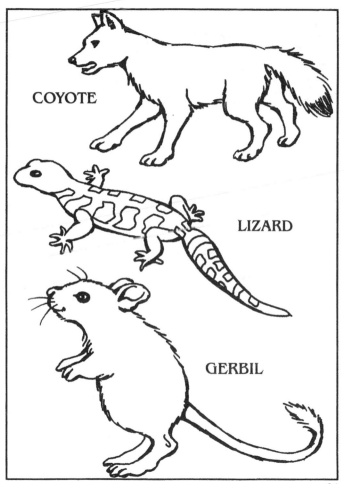

COYOTE

LIZARD

GERBIL

B	E	W	A	R	A	Y
C	Q	H	X	P	R	U
P	A	A	Y	Z	V	L
D	O	L	P	H	I	N
T	I	E	V	I	H	T
N	T	L	A	Y	F	N
X	Z	O	J	R	Q	U

You can learn about the animals shown here by visiting an aquarium.

RAY

WHALE

DOLPHIN

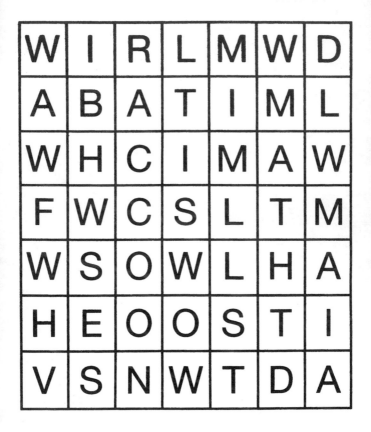

W	I	R	L	M	W	D
A	B	A	T	I	M	L
W	H	C	I	M	A	W
F	W	C	S	L	T	M
W	S	O	W	L	H	A
H	E	O	O	S	T	I
V	S	N	W	T	D	A

Here are three creatures of the night. They are awake when you are asleep!

OWL

BAT

RACCOON

N	J	X	M	Z	T	R
B	A	N	F	F	C	D
E	C	J	W	O	L	F
F	K	C	T	X	G	D
D	A	L	B	P	F	A
J	L	D	O	L	U	P
T	G	N	E	F	J	O

These animals have something in common. They are all relatives of the dog.

FOX

JACKAL

WOLF

W	D	T	S	M	T	P
F	H	I	P	P	O	S
L	A	G	T	I	U	W
I	E	E	I	L	C	H
H	A	R	H	S	A	N
A	I	V	I	E	N	F
N	X	Z	O	J	R	Q

Although you can see these animals in the zoo, the jungle is their true home.

38

HIPPO

TIGER

TOUCAN

G	X	H	U	Z	D	Z
O	U	P	D	C	O	A
R	K	Y	M	R	S	C
I	D	T	G	A	R	G
L	K	H	P	E	W	T
L	E	O	P	A	R	D
A	L	N	J	F	Y	K

Here are three more animals that make their home in the jungle.

LEOPARD

PYTHON

GORILLA

41

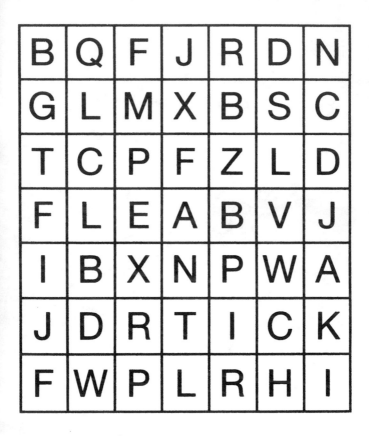

B	Q	F	J	R	D	N
G	L	M	X	B	S	C
T	C	P	F	Z	L	D
F	L	E	A	B	V	J
I	B	X	N	P	W	A
J	D	R	T	I	C	K
F	W	P	L	R	H	I

Grassy fields are full of these tiny bugs.

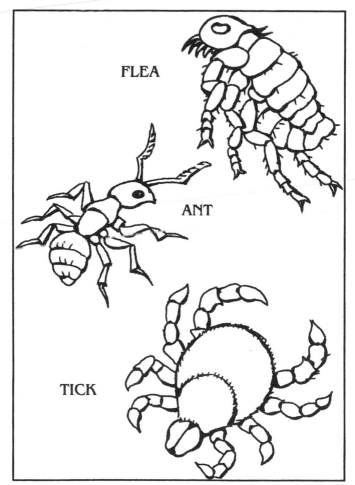

FLEA

ANT

TICK

A	L	T	G	Q	L	I
S	L	E	F	D	O	R
O	U	B	L	A	V	E
L	A	D	Y	B	U	G
S	N	W	M	N	E	K
I	A	M	O	T	H	L
S	I	S	K	Y	N	O

You probably have seen some of these common insects.

44

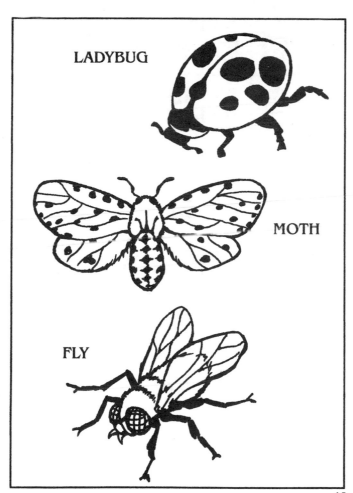

LADYBUG

MOTH

FLY

H	O	C	L	F	G	B
C	O	R	P	R	N	J
N	M	I	K	E	W	Y
L	D	C	M	O	A	M
R	F	K	E	Y	S	D
B	E	E	H	I	P	R
J	Z	T	B	H	S	C

Listen carefully, and you might hear the sounds made by these insects.

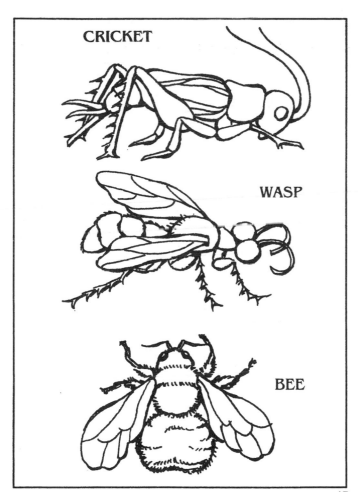

CRICKET

WASP

BEE

W	A	L	R	U	S	J
U	B	A	D	G	V	P
D	F	T	Y	M	O	U
P	O	W	M	J	A	F
W	H	S	T	E	A	F
G	T	M	A	Z	Y	I
P	E	N	G	U	I	N

The Arctic and the Antarctic are the homes of these sea animals.

48

WALRUS

PENGUIN

PUFFIN

49

M	L	I	T	I	G	Q
A	L	R	U	T	R	O
C	U	T	A	U	B	L
A	E	A	N	R	E	S
W	L	Y	O	K	D	F
A	P	I	G	E	O	N
L	G	T	P	Y	Q	B

Birds may be large, like a turkey or macaw,
or small, like a pigeon.

TURKEY

MACAW

PIGEON

B	E	H	A	U	D	Q
P	E	A	G	L	E	R
L	O	W	P	J	F	K
T	M	K	N	I	O	T
Y	C	B	P	Q	G	J
C	O	N	D	O	R	R
N	T	F	E	D	J	W

These birds swoop down when they spot their prey.

CONDOR

EAGLE

HAWK

B	L	P	K	T	P	R
G	D	T	A	L	E	X
K	U	R	I	H	L	J
I	C	G	J	N	I	L
G	K	W	K	Q	C	R
N	E	B	M	X	A	Z
H	F	S	W	A	N	P

Here are three birds that live near water.

SWAN

DUCK

PELICAN

C	E	N	R	K	T	Z
W	X	Z	J	F	L	N
I	A	E	T	V	R	Y
C	D	B	U	J	L	T
E	F	R	X	V	I	B
C	B	A	B	O	O	N
D	J	W	S	L	N	T

You would have to travel to Africa to see these animals or you could visit a zoo!

ZEBRA

BABOON

LION

SOLUTIONS

Page 4

Page 6

Page 8

Page 10

Page 12

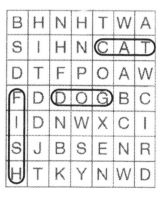

Page 14

Page 16

Page 18

Page 20

Page 22

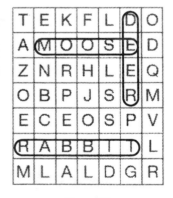

Page 24

Page 26

Page 28

Page 30

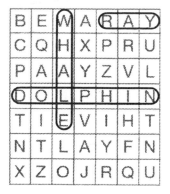

Page 32

Page 34

61

Page 36

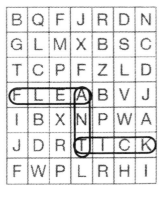

Page 38

Page 40

Page 42

Page 44

Page 46

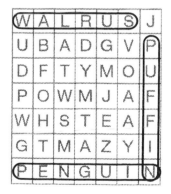

Page 48

Page 50

Page 52

Page 54

Page 56